ARCHIVOS DE AUDIO MP3 DESCARGABLES para este libro están disponibles en
newampersand.com/historias

Hermosas Historias Cortas en Español y Coreano:
Libro de Imágenes Bilingüe/Dual para Principiantes
con Archivos de Audio MP3 Descargables

Por Hye-min Choi

ISBN 979-11-93438-06-0

Copyright © 2021 Todos los derechos reservados. Ninguna parte de esta publicación puede ser reproducida, distribuida o transmitida de ninguna manera o por ningún medio, incluyendo fotocopias, grabación u otros métodos electrónicos o mecánicos, sin el permiso previo por escrito del editor, excepto en el caso de citas breves incorporadas en reseñas críticas y ciertos otros usos no comerciales permitidos por la ley de derechos de autor.
marketing@newampersand.com

www.newampersand.com

ARCHIVOS DE AUDIO MP3 DESCARGABLES! newampersand.com/historias

내가 어렸을때
Cuando era pequeño

내가 어렸을때,
Cuando era pequeño,

모든 것이 신기해 보였어요.
Todo parecía fascinante.

아빠는 힘이 세고, 엄마는 요리를 잘했어요.
Papá era fuerte y mamá cocinaba bien.

나도 어른이 되고싶다!
¡Quería crecer también!

어른이 되면 어떤 멋진 일들이 생길까?
¿Qué cosas maravillosas sucederán cuando crezca?

나는 이제 어른이 되었어요.
Ahora, soy un adulto.

어른으로 사는 것은 정말 피곤해!
Vivir como adulto es realmente agotador.

아침 일찍 회사에 가고, 저녁 늦게 집에오지.
Ir al trabajo temprano por la mañana, volver a casa tarde por la noche.

아! 다시 어린이가 되고싶다!
¡Ay! ¡Quiero ser un niño de nuevo!

꿈속에서
En Sueños

어제 밤에 꿈을 꾸었어요.
Anoche, soñé un sueño.

나의 몸에 날개가 달려있었어요.
Alas adornaban mi cuerpo.

하늘 높이 올라가서, 아래를 보았어요.
Elevándome alto en el cielo, miré hacia abajo.

모든 것들이 작게 보였어요.
Todo parecía diminuto.

장난감 같이 작은 사람들.
Personitas, semejantes a juguetes.

솜사탕 같은 구름!
¡Nubes parecidas a algodón de azúcar!

구름에 앉아보려고 했어요.
Intenté posarme en una nube.

하지만, 가까이 다가가니 사라져 버렸어요.
Pero, al acercarme, se desvaneció.

너무 오래 날아다녀서 피곤해졌어요.
Volé por demasiado tiempo, cansándome.

힘이 빠져서 땅으로 떨어진다!
Fatigado, descendí al suelo.

쾅! 아이고 아프다!
¡Toc! ¡Ay, duele!

침대에서 떨어졌네.
Me había caído de la cama.

ARCHIVOS DE AUDIO MP3 DESCARGABLES! newampersand.com/historias

친구가 생겼어요
Hice una Amiga

오늘은 정말 기분이 좋아요.
Hoy me siento muy feliz.

학교에서 새로운 친구를 만들었기 때문이에요.
Es porque hice una nueva amiga en la escuela.

그 친구의 이름은 선미.
Su nombre es Sunmi.

나이는 나와 똑같아요.
Ella tiene la misma edad que yo.

나와 선미는 학교에 같이 다녀요.
Sunmi y yo vamos a la misma escuela.

매일 공부를 같이 할 거예요.
Estudiaremos juntas todos los días.

선미는 지금 무엇을 하고 있을까?
Me pregunto qué estará haciendo Sunmi en este momento.

내일은 점심도 같이 먹어야지.
Deberíamos almorzar juntas mañana.

나의 가장 친한 친구 선미.
Mi mejor amiga, Sunmi.

선미와 사이좋게 지낼거예요
Nos llevaremos bien,

싸우지 않고.
sin peleas.

우리는 좋은 친구!
¡Somos buenas amigas!

ARCHIVOS DE AUDIO MP3 DESCARGABLES! newampersand.com/historias

강아지와 고양이
Cachorro y Gato

멍멍! 이게 무슨 소리야?
¡Guau! ¡Guau! ¿Qué es ese sonido?

강아지 소리 같아!
¡Suena como un cachorro!

어서 소리가 나는 곳으로 가보자.
Apresurémonos y vayamos hacia donde viene el sonido.

어머나 세상에!
¡Dios mío!

강아지 두 마리가 있어요.
Aquí hay dos cachorros.

여기에서 무엇을 하고 있지?
¿Qué están haciendo aquí?

엄마를 잃어버렸나?
¿Perdieron a su madre?

야옹! 이건 무슨 소리야?
¡Miau! ¿Qué es ese sonido?

고양이 소리 아닐까?
¿Podría ser un gato?

고양이가 틀림없어!
¡Seguro suena como un gato!

우와! 고양이가 강아지들의 엄마인가봐.
¡Guau! Parece que el gato es la mamá de los cachorros.

고양이가 강아지들을 사랑해!
¡El gato ama a los cachorros!

학교에 가자
Vamos a la Escuela

늦었다! 어서 일어나야해.
¡Es tarde! Necesito despertarme rápido.

오늘은 학교 첫날이에요.
Hoy es el primer día de clases.

어떤 친구들을 만날까? 정말 궁금해요.
Me pregunto qué amigos conoceré. Tengo mucha curiosidad.

키가 큰 친구, 재미있는 친구, 조용한 친구.
Amigos altos, divertidos, tranquilos.

모두 만나보고 싶어요.
Quiero conocerlos a todos.

선생님은 어떨까?
¿Y el maestro?

무서운 선생님일까? 자상한 선생님일까?
¿Será el maestro aterrador o amable?

학교에 가는 길이 멀지 않게 느껴져요.
El camino a la escuela no se siente demasiado largo.

너무나 즐거운 마음이기 때문이에요.
Es porque estoy muy emocionado.

친구들아! 학교에 가자!
¡Amigos! ¡Vamos a la escuela!

공부 하고, 운동도 하고,
Estudiar, jugar deportes

많이 배우자!
Estudiar, jugar deportes

없어진 지갑
La Billetera Perdida

흠, 이상하다. 어디로 갔지?
Hmm, eso es extraño. ¿Dónde pudo haber ido?

무엇을 찾으시나요? 기차 역무원이 물었다.
"¿Qué estás buscando?" preguntó el empleado de la estación de tren.

분명히 여기에 있던 지갑이 없어졌습니다.
Estoy seguro de que mi billetera estaba aquí, pero ahora desapareció.

마지막으로 본 것이 언제인가요?
¿Cuándo fue la última vez que la viste?

약 10분 전, 제가 깜빡 졸기 전에요.
Hace unos 10 minutos, justo antes de quedarme dormido.

주위에는 누가 있었나요? 생각 해보세요.
¿Había alguien cerca? Piensa en ello.

제가 맞게 기억한다면, 저 사람 한명밖에 없었어요.
Si recuerdo correctamente, solo había una persona.

지저분한 머리, 냄새나는 옷... 범인이 분명합니다.
Despeinado, ropa maloliente... el culpable está claro.

실례합니다. 잠깐 가방을 열어주시겠습니까?
Disculpe, ¿le importaría abrir su bolso por un momento?

왜 그러시죠? 제가 뭘 잘못했나요?
¿Por qué estás haciendo esto? ¿Qué hice mal?

잠시만 협조를 부탁드립니다.
Solo coopere por un momento, por favor.

여기 있습니다. 잘 보세요. 아무것도 없죠?
Aquí está. Eche un vistazo. No hay nada, ¿verdad?

네, 그렇군요. 협조해 주셔서 감사합니다.
Sí, es cierto. Gracias por su cooperación.

애석하군요! 지갑은 사라진 것 같습니다.
¡Es una lástima! Parece que la billetera ha desaparecido.

정말 세상에는 믿을 사람이 없군요!
Realmente, ¡no hay nadie confiable en este mundo!

화가 많이 난 그는 자리에서 일어났다.
Furioso, se levantó de su asiento.

그리고 그가 앉아있던 자리에, 그의 지갑이 있었다.
Y justo donde había estado sentado, estaba su billetera.

동물원 이야기
Historia del Zoológico

세상에서 가장 신비로운 곳을 찾는다면, 동물원을 추천한다.
Si estás buscando el lugar más misterioso del mundo,
te recomiendo el zoológico.

빠르게 달리는 치타, 아름다운 옷을 입고 있는 공작새,
거대한 코끼리.
Guepardos rápidos, hermosos pavos reales vestidos con trajes elegantes,
elefantes gigantes.

상상이 현실이 되는 이 공간. 어린이들의 웃음이 멈추지 않는다.
Este espacio donde la imaginación se convierte en realidad.
La risa de los niños nunca cesa.

동물들은 우리를 바라보며 어떤 생각을 할까?
¿Qué piensan los animales mientras nos miran?

우리의 대화를 이해 할 수 있을까?
¿Pueden entender nuestras conversaciones?

동물들에게 먹이를 주지 마세요! 경고문이 보인다.
¡No alimentes a los animales! Se muestran señales de advertencia.

몰래 주면 안될까? 배 고파 보이는데.
¿Está bien alimentarlos en secreto? Parecen tener hambre.

우리 집에 같이 갈까? 맛있는 음식이 많은데.
¿Vamos a nuestra casa juntos? Hay un montón de comida deliciosa.

우리는 좋은 친구가 될 것 같아.
Podríamos convertirnos en buenos amigos.

엄마 아빠도 너를 좋아하실거야.
A mamá y papá también les gustarás.

같이 게임을 하고, 산책도 가고.
Juguemos juntos, demos un paseo.

생각만 해도 정말 즐겁다!
¡Solo pensar en ello trae alegría!

이제 동물원이 닫을 시간입니다. 안내방송이 들린다.
Ahora, el zoológico está cerrando. Se escucha el anuncio.

오늘은 안되겠다. 다음에 또 올게!
Hoy no. ¡Volveré la próxima vez!

다시 만날때까지 잘 지내!
¡Cuídense hasta que nos volvamos a encontrar!

-동물들의 대화-
- Conversación entre animales -

저 아이가 정말 다시 올까?
¿Crees que ese niño volverá?

아니, 집에 가자마자 비디오 게임을 하면서 우리를 잊어버릴거야.
No, en cuanto lleguen a casa,
nos olvidarán mientras juegan videojuegos.

그래, 우리도 이제는 익숙해졌어.
Sí, ya estamos acostumbrados.

ARCHIVOS DE AUDIO MP3 DESCARGABLES! newampersand.com/historias

고양이의 복수
La Venganza del Gato

나는 페르시안 고양이다. 나이는 다섯 살.
Soy un gato persa. Tengo cinco años.

나는 인간이라는 생명체와 같이 산다.
Vivo con una criatura llamada humano.

그는 알아듣지 못할 말을 하고, 이해하기 힘든 행동을 한다.
Él habla palabras que no puedo entender y se comporta de maneras difíciles de comprender.

그의 목적은 무엇일까? 왜 나를 이곳에 데려온 것일까?
¿Cuál podría ser su propósito? ¿Por qué me trajo aquí?

생각을 계속 하면 의심이 가득해진다.
Cuanto más pienso, más sospechas llenan mi mente.

결국에는 나를 해치려고 하겠지?
¿Intentará eventualmente hacerme daño?

기다리면 안되겠다. 내가 먼저 행동해야겠어.
No debería esperar. Necesito tomar acción primero.

저 녀석의 약점을 파악하자. 무엇을 좋아하는지,
무엇을 싫어하는지. 자세히 관찰하자.
Vamos a descubrir su debilidad. Lo que le gusta,
lo que no le gusta. Observar de cerca.

저 녀석을 없애버릴 방법을 찾으면, 바로 실행에 옮기자.
Una vez que encuentre una manera de deshacerme de él, actuaré inmediatamente.

어서 와서 간식 먹어라! 인간이 나를 부른다.
¡Ven y toma un aperitivo! El humano me está llamando.

이럴수가! 내가 가장 좋아하는 생선이잖아!
¡Oh, cielos! ¡Es mi pescado favorito!

그래, 너를 없애려던 나의 계획은 잠시 미뤄두지.
¡Bien, pongamos mis planes para eliminarte en espera por un momento.

나는 자비로운 고양이니까.
Porque soy un gato misericordioso.

저는 누구일까요?
¿Quién Podría Ser?

재미난 놀이를 해 봅시다. 저는 누구일까요?
Vamos a jugar un juego divertido. ¿Quién podría ser yo?

힌트를 드릴게요. 잘 생각 해보세요.
Te daré una pista. Piensa cuidadosamente.

나는 다리가 네개 입니다. 옷을 입지 않아요.
Tengo cuatro patas y no uso ropa.

고기는 먹지 않아요. 풀을 먹고 살아요.
No como carne; vivo comiendo hierba.

머리에 뿔이 나는 친구들도 있어요.
Algunos de mis amigos tienen cuernos en la cabeza.

걸음은 느립니다. 성격도 느긋하죠.
Camino lentamente, y mi temperamento es tranquilo.

눈이 크고, 덩치도 큽니다.
Tengo ojos grandes y una constitución grande.

초원에서 살지만, 인간 가까이에서도 살아요.
Vivo en la pradera, pero también puedo vivir cerca de los humanos.

저의 젖은 인간들의 중요한 음식입니다.
Mi leche es un alimento importante para los seres humanos.

또 한가지 특별한 것이 있어요.
Hay una cosa más especial.

저는 위장을 네개 갖고 있어요. 소화를 아주 꼼꼼히 하죠.
Tengo cuatro estómagos. Hago la digestión muy a fondo.

자, 이제 제가 누구인지 알겠죠?
Bueno, ¿ya sabes quién soy, verdad?

보물찾기 Caza del Tesoro

그거 알아? 우리 마을의 호수 바닥에, 엄청난 보물이 숨겨져있데.
¿Sabías que en el fondo del lago de nuestro pueblo se dice que hay un tesoro enorme y oculto?

누가 그래? 그런 것들은 전부 헛소문이야.
¿Quién lo dice? Esas cosas son solo rumores falsos.

아니야! 우리 삼촌이 나에게 얘기해줬어.
¡Error! Mi tío me lo contó.

삼촌이 어렸을때, 어떤 사람들이 어두운 밤에 호수에 커다란 상자를 던지던 것을 보았데.
Cuando mi tío era pequeño, vio a algunas personas arrojando grandes cajas al lago por la noche.

그런데 상자가 열렸고, 안에는 반짝이는 것들이 가득 들어있었데.
Y las cajas se abrieron, revelando cosas brillantes en su interior.

그게 무엇일까? 보석? 금화? 왜 호수에 숨겨놨을까?
¿Qué podría ser? ¿Gemas? ¿Monedas de oro? ¿Por qué las escondieron en el lago?

정말 궁금하다. 우리가 찾으러 가볼까?
Me da mucha curiosidad. ¿Vamos a buscarlas?

안돼! 분명히 무시무시한 괴물이 있을거야!
¡Ni hablar! ¡Debe de haber un monstruo aterrador!

에이, 너는 정말 겁쟁이구나. 용기가 없어!
Vamos, eres un verdadero cobarde. ¡No tienes valentía!

그럼 나 혼자 가볼거야. 비밀로 해줘!
Entonces iré solo. ¡Guarda el secreto!

알겠어. 하지만 보물을 찾으면 나에게도 조금 줘야해!
Entendido. Pero si encuentras el tesoro, ¡me tienes que dar un poco!

당연하지, 내 가장 친한 친구니까.
Por supuesto, porque eres mi amigo más cercano.

보물을 찾으면 무엇을 할까?
¿Qué debo hacer si encuentro el tesoro?

그 돈으로 세계일주를 해야겠다!
¡Debería hacer un viaje alrededor del mundo con el dinero!

새로운 친구들을 만들고, 멋진 문화를 경험하고.
Hacer nuevos amigos y conocer culturas geniales.

돌아와서 모두에게 이야기 해 줘야지.
Lo compartiré con todos cuando regrese.

- 다음날 아침 -
- Mañana siguiente -

엄마! 친구들과 소풍 갈게요.
Mamá, voy de picnic con mis amigos.

그래, 조심히 다녀오거라. 너무 늦지 않게 돌아오고!
De acuerdo, ten un viaje seguro. ¡Vuelve antes de que sea muy tarde!

한 걸음, 두 걸음, 드디어 호수에 도착했다.
Un paso, dos pasos, finalmente llego al lago.

바로 저기에 보물이 있겠구나!
Justo allí debe de estar el tesoro.

옷을 벗고, 수영복으로 갈아입자.
Dejaré mi ropa y me cambiaré a un traje de baño.

첨벙! 물에 뛰어든다.
¡Splash! Salto al agua.

아이 차가워! 너무 차가워서 더 이상은 들어갈 수 없어!
¡Oh, está fría! Es demasiado fría y no puedo entrar más adentro.

여름이 되면 다시 와야겠다.
Debería volver de nuevo cuando llegue el verano.

그때까지 보물이 있어야 할텐데…
Espero que el tesoro se quede aquí hasta entonces…

그래! 여기에 안내 팻말을 세워놓자.
¡Correcto! Pongamos un letrero guía aquí.

<호수 바닥에 보물 없음>
<NO HAY TESORO en el fondo del lago>

이러면 아무도 모르겠지?
Si hago esto, nadie debería saberlo, ¿verdad?

난 정말 똑똑해!
¡Soy tan listo!

민호의 눈사람
El Muñeco de Nieve de Minho

이번 겨울에는 눈이 굉장히 많이 내리는구나!
¡Este invierno, está nevando mucho!

엄마, 저 밖에 나가서 눈 갖고 놀아도 돼요?
Mamá, ¿puedo salir a jugar en la nieve?

그래, 하지만 감기에 걸리지 않도록 옷을 껴입고 나가도록 해.
Claro, pero asegúrate de ponerte ropa abrigada para que no te resfríes.

네 엄마, 장갑이랑, 부츠랑, 털모자를 쓰고 나갈게요.
Sí, mamá, me pondré guantes, botas y un sombrero peludo.

민호가 문을 열자 매서운 바람이 세차게 몰아쳤다.
Cuando Minho abrió la puerta, entró un viento fuerte.

와! 정말 춥구나. 이런 겨울에는 밖에 있기가 정말 힘들겠어.
¡Guau! Hace mucho frío. Debe ser duro estar afuera en este invierno.

밖에서 일하는 사람들도 따뜻하게 지냈으면 좋겠다.
Espero que las personas que trabajan afuera estén abrigadas.

문 밖으로 나가자, 앞 마당은 온통 하얀색이었다.
Cuando Minho salió, el patio delantero estaba completamente blanco.

지난 며칠동안 눈이 왔고, 민호의 발목까지 쌓여있었다.
La nieve había estado cayendo durante los últimos días, acumulándose hasta los tobillos de Minho.

좋았어! 이번 여름에 해변에서 모래성을 만들었던 것과 비슷해!
¡Genial! ¡Es como cuando hice castillos de arena en la playa el verano pasado!

여기 있는 하얀 눈으로 예쁜 눈사람을 만들어야지!
¡Debería hacer un hermoso muñeco de nieve con esta nieve blanca!

민호는 눈을 모아 덩어리를 만들고,
덩어리를 굴려 더 큰 덩어리를 만들었다.
Minho recogió nieve y la enrolló en una bola,
haciendo una más grande.

제법 크기가 커진 큰 눈 덩어리를 바닥에 고정시키고,
Fijó firmemente la bola de nieve grande en el suelo .

그것보다 조금 작은 눈 덩어리를 그 위에 고정시켰다.
y puso una ligeramente más pequeña encima

하지만 아직 뭔가 부족해! 민호는 혼잣말을 했다.
¡Pero falta algo! Murmuró Minho para sí mismo.

그래, 눈, 코, 입이 필요하겠어.
Correcto, necesito ojos, una nariz y una boca.

어디보자… 눈은 여기있는 까망색 돌을 붙이고,
Déjame ver... ¿puedo usar estas rocas negras para los ojos,

코는 저기 있는 나뭇가지를 사용하면 되겠지?
una ramita allí para la nariz?

입은… 그래! 나뭇잎을 붙여보자!
¿y qué tal si uso hojas para la boca?

하나씩 하나씩, 드디어 얼굴이 완성되었다!
¡Uno por uno, la cara se completó!

제법 사람같은데! 내 친구 해도 되겠다!
¡Bastante parecido a un humano! ¡Puedes ser mi amigo!

반가워, 눈사람 친구! 내 이름은 민호야.
Encantado de conocerte, amigo muñeco de nieve. Mi nombre es Minho.

우리 앞으로 사이좋게 지내자.
Vamos a llevarnos bien a partir de ahora.

민호야! 저녁 먹을 시간이다!
¡Minho! ¡Es hora de cenar!

이런, 시간 참 빨리 가는군!
¡Oh no, el tiempo vuela! ¡Estaré enseguida, mamá! ¡Espera un momento!

눈사람 만드느라 정신이 없었네.
Estaba demasiado ocupado haciendo un muñeco de nieve.

네! 엄마, 바로 들어갈게요! 잠시만요!
¡Sí, mamá! ¡Estaré enseguida! ¡Espera un momento!

눈사람 친구! 미안하지만 얼른 저녁을 먹고 올게. 잠시 기다려줘.
¡Amigo muñeco de nieve!
Lo siento, pero comeré rápido y volveré. Espérame.

아, 그런데 너 너무 춥겠구나… 이렇게 있으면 안되겠어.
Ah, pero debes tener mucho frío... no puedo dejarte así.

그래, 내가 방에 가서 옷을 가져올게!
Está bien, ¡iré a mi habitación y conseguiré algunas ropas!

자, 여기 내 털모자도 쓰고, 오리털 외투도 입고… 따뜻하지?
Ahora, ¿usar mi sombrero peludo, ponerme este abrigo de plumas de pato... lo suficientemente cálido?

음… 하지만 이정도로는 충분하지 않아.
아! 더 좋은 생각이 있다.
Bueno... aún no es suficiente. ¡Ah! Tengo una mejor idea.

캠프파이어를 만들어 주면 따뜻하게 지낼 수 있을거야.
Hagamos una fogata; así podremos mantenernos calientes.

여기에 장작을 쌓고, 기름을 뿌리고, 성냥을 켜자!
Apilaré la madera aquí, esparciré un poco de aceite y encenderé los fósforos.

화르르 - 불이 붙었다.
Whoosh, el fuego se encendió.

와~ 성공이다! 내가 저녁을 먹고 올 동안, 따뜻하게 있어!
금방 올게!
¡Guau, funcionó! Estaré caliente mientras como la cena y vuelvo.
¡Volveré enseguida!

허겁지겁 저녁을 먹고 돌아온 민호가 앞 마당으로 뛰어나간다.
Comiendo rápidamente y regresando, Minho corrió al patio delantero.

눈사람 친구! 내가 돌아왔… 이럴수가? 어디로 갔지?
¡Amigo muñeco de nieve! Volví... ¿Qué? ¿A dónde fue?

친구야! 어디갔니? 그 새 어디로 간거야?
¡Oye, amigo! ¿Dónde estás? ¿A dónde fuiste de repente?

내가 준 옷은 다 여기에 버려두고, 어디로 간거야?
Dejaste la ropa que te di aquí; ¿a dónde fuiste?

캠프파이어도 그대로 있는데, 어디로 간거야?
La hoguera todavía está aquí; ¿a dónde fuiste?

일년 중 가장 마법같은 시간
El Momento Más Mágico del Año

들어 보세요. 당신의 가슴이 하는 이야기를.
Escucha. Escucha la historia que cuenta tu corazón.

눈을 떠 보세요. 이 세상의 놀라운 것들에 눈을 떠 보세요.
Abre tus ojos. Abre tus ojos a las maravillas de este mundo.

눈을 감아 보세요.
눈을 감아 이 세상으로부터 당신을 자유롭게 하세요.
Cierra tus ojos.
Cierra tus ojos y libérate de este mundo.

그리고 추억의 나라로 여행을 떠나 보세요.
Y emprende un viaje a la tierra de los recuerdos.

모든 것이 아름답게 보였던 그 때로.
A ese momento en el que todo parecía hermoso.

당신을 사랑하는 사람들에게 둘러싸여있던 그때로!
A ese momento en el que estabas rodeado de personas que te amaban.

하나, 하나, 조심스럽게 선물을 열던 그 때를 생각해 보세요.
Uno por uno, piensa en los momentos en los que desenvolvías cuidadosamente cada regalo.

그리고 상자 안에 무엇이 있었는지 기억해 보세요.
Y recuerda qué había dentro de la caja.

양말? 장난감? 책? 잘 기억은 안나지만, 어떤 느낌이었는지는 알거에요.
¿Calcetines? ¿Juguetes? ¿Libros? Puede que no recuerdes exactamente, pero sabes cómo se sintió.

그것은 부모님의 무조건적인 사랑이었습니다.
Era el amor incondicional de tus padres.

이제 눈을 떠서 주위를 둘러보세요.
Ahora, abre los ojos y mira a tu alrededor.

선물을 열어보는 아이들을 보세요.
Observa a los niños desenvolviendo regalos.

당신의 가슴속에 항상 간직했던 그 선물들.
Los regalos que siempre han sido atesorados en tu corazón.

당신이 받았었던 그 사랑을 물려줍니다.
Transmitiendo el amor que recibiste.

그래서 당신의 아이들도 똑같이 할 수 있게.
Para que tus hijos puedan hacer lo mismo.

ARCHIVOS DE AUDIO MP3 DESCARGABLES! newampersand.com/historias

숲의 속삭임
Susurros del Bosque

우리를 찾는 사람들은 우리가 조용하다며 좋아하지.
Aquellos que nos buscan parecen apreciar nuestro silencio.

시끄러운 도시를 떠나, 고요한 평화를 얻을 수 있다고 하면서.
Dicen que podemos encontrar la verdadera paz lejos del ruido de la ciudad.

마음껏 공기를 들이마시고,
Inhala profundamente,

우리와 함께 호흡하지.
Respira en armonía con nosotros.

하지만 우리는 조용하지 않아.
Pero no estamos en silencio.

우리는 계속해서 속삭이고 있어.
Seguimos susurrando.

우리는 아프다고. 우리는 상처받고 있다고.
Estamos sufriendo. Nos duele.

큰 소리로 말하고 있지만, 사람들은 듣지 못해.
Hablamos en voz alta, pero la gente no escucha.

이 곳에 사는 짐승들도, 동물들도 속삭이고 있어.
Las criaturas que viven aquí, los animales, también susurran.

하지만 아무도 이해하지 못해.
Pero nadie comprende.

우리가 사라지면, 사람들도 사라지게 될 것이라는 것을.
Si desaparecemos, la gente también desaparecerá.

생각해보니, 속삭임은 부족한 것 같아.
Pensándolo bien, los susurros parecen insuficientes.

이제 큰 소리로 외쳐야겠어.
Ahora, debemos gritar fuerte.

우리의 경고를 무시하지 말라고.
Que no deberían ignorar nuestras advertencias.

ARCHIVOS DE AUDIO MP3 DESCARGABLES! newampersand.com/historias

축구공의 인생
La Vida de un Balón de Fútbol

두드려 맞는 것을 좋아하는 사람이 세상에 있을까?
¿Hay alguien en el mundo que disfrute siendo golpeado?

매일 사람들의 발에 차이는 것을 좋아하는 사람은 없을거야.
Probablemente no haya nadie a quien le guste ser pisoteado todos los días.

하지만 나는 그렇지 않아.
Pero yo soy diferente.

발에 차이고, 멀리 날아가고, 굴러다니는게 나의 인생이야.
Ser golpeado, volar lejos y rodar por ahí, esa es mi vida.

아프긴 하지만, 기분은 좋아.
Duele, pero se siente bien.

내가 얼마나 인기가 많은지 아니?
¿Sabes cuán popular soy?

사람들은 서로 나를 갖기 위해 경쟁을 해!
¡La gente compite por tenerme!

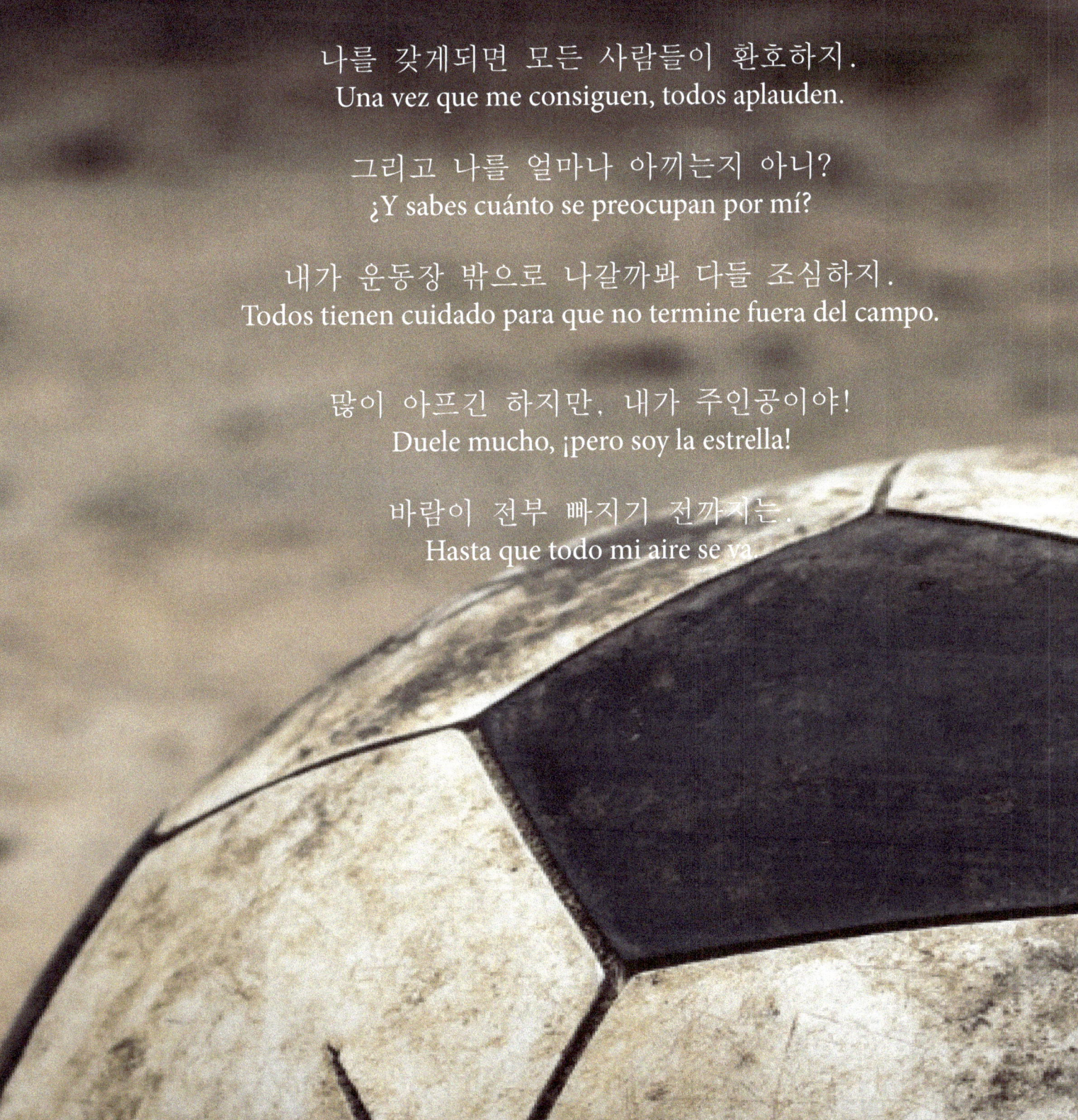

나를 갖게되면 모든 사람들이 환호하지.
Una vez que me consiguen, todos aplauden.

그리고 나를 얼마나 아끼는지 아니?
¿Y sabes cuánto se preocupan por mí?

내가 운동장 밖으로 나갈까봐 다들 조심하지.
Todos tienen cuidado para que no termine fuera del campo.

많이 아프긴 하지만, 내가 주인공이야!
Duele mucho, ¡pero soy la estrella!

바람이 전부 빠지기 전까지는.
Hasta que todo mi aire se va.

ARCHIVOS DE AUDIO MP3 DESCARGABLES! newampersand.com/historias

거울의 반대편에는
Al Otro Lado del Espejo

거울의 반대편에는 누가 있을까?
¿Quién podría estar al otro lado del espejo?

나의 모든 비밀을 알고 있는 너!
¡Tú, que conoces todos mis secretos!

혹시, 나를 너무 좋아하는 사람이 아닐까?
¿Quizás alguien que me aprecia demasiado?

나의 얼굴을 매일 보고싶어 하는 그런 사람!
¡Alguien que quiere ver mi cara todos los días!

내가 없을때는 무엇을 할까?
¿Qué harían cuando no estoy allí?

내가 오기만을 기다릴까?
¿Solo esperarían mi regreso?

아니면, 잠깐 쉬면서 잠을 잘까?
O tomarían un momento para descansar y dormir.

네가 없었으면, 나도 내가 어떻게 생겼을지 몰랐을거야.
Sin mí, no sabría cómo luzco.

솜털가득한 아기때부터, 주름 가득한 늙은이까지.
Desde los días de bebé esponjoso hasta la vejez arrugada.

언제나 함께 해준 친절한 거울아, 고마워!
Siempre ahí, mi amable espejo, ¡gracias!

ARCHIVOS DE AUDIO MP3 DESCARGABLES! newampersand.com/historias

거울의 반대편에는 2
Al Otro Lado del Espejo 2

사람들은 참 이상하다.
Las personas son verdaderamente peculiares.

나에게 비친 자신의 얼굴을 보며 잘생겼다고 흡족해하고,
Miran sus rostros reflejados, satisfechos con su apariencia,

얼굴을 찡그리며 못생겼다고 화를내고,
hacen muecas ante supuestas imperfecciones, expresan frustración,

여드름이 났다고 짜증을 낸다.
y se irritan por un simple grano.

하지만 사람들은 모르나보다.
Pero quizás las personas no son conscientes.

겉모습이 전부가 아니라는 것을!
¡Que la apariencia externa no lo es todo!

그래서 나는 가끔 생각해본다.
Así que a veces me pregunto.

만약 내가 없어진다면,
Si yo desapareciera,

사람들은 조금 더 솔직해질까?
¿Las personas se volverían un poco más honestas?

겉보다는 내면의 아름다움을 볼 수 있을까?
¿Verían la belleza interna en lugar de solo la superficie?

ARCHIVOS DE AUDIO MP3 DESCARGABLES! newampersand.com/historias

시계의 고민
El Dilema del Reloj

모두들 알겠지만, 내가 하는 일은 정말 간단해.
Como todos saben, mi trabajo es realmente simple.

지금이 몇시인지 알려주는거야.
Solo informo a la gente sobre la hora actual.

그런데 사람들은 나한테 화만내지.
Pero la gente parece molestarse conmigo.

너무 빨리 간다고, 너무 느리게 간다고.
Me culpan por ir demasiado rápido o demasiado lento.

나는 정말 이해할 수가 없어!
¡Realmente no puedo entenderlo!

내가 시간을 조절하는게 아니야!
¡No soy yo quien controla el tiempo!

나는 누구에게나 공평해.
Soy justo con todos.

시간을 잘 활용하는 것은 너의 책임이야.
Es tu responsabilidad usar tu tiempo sabiamente.

아무리 비싼 시계라도, 시간을 느리게 가게 할 수는 없어.
No importa cuán cara sea el reloj, no puedo hacer que el tiempo vaya más despacio.

물론, 더 빠르게 가게 할 수도 없지.
Y, por supuesto, tampoco puedo hacer que vaya más rápido.

나에게 뭐라고 하지마! 나는 아무것도 잘못한게 없어!
¡No me culpes! ¡No he hecho nada malo!

ARCHIVOS DE AUDIO MP3 DESCARGABLES! newampersand.com/historias

사람에 따라 다르다
Depende de la Persona

날카로운 칼은, 의사가 집으면 사람을 살리고,
Un cuchillo afilado, manejado por un médico, puede salvar vidas,

어머니가 집으면 맛있는 요리를 만드는 도구가 된다.
Cuando lo sostiene una madre, se convierte en una herramienta para elaborar platos deliciosos.

하지만 나쁜 마음을 가진 사람이 집으면,
Sin embargo, en manos de alguien con intenciones maliciosas,

누군가의 재물과 목숨을 빼앗는 끔찍한 무기가 된다.
se transforma en un temible arma, robando la riqueza y la vida de alguien.

힘도 마찬가지.
La fuerza no es diferente.

착한 마음을 가진 사람이 사용하면 모두에게 도움이 되지만,
Utilizada por alguien con un corazón bondadoso, beneficia a todos,

나쁜 마음을 가진 사람이 사용하면 모두에게 해가 된다.
Pero en manos de alguien con malas intenciones, perjudica a todos.

좋은 사람이 되고 나쁜 사람이 되는 것은
Convertirse en una persona buena o mala

스스로 결정해야 하는 문제.
es una pregunta que cada uno debe decidir por sí mismo.

태어나서 죽기까지,
Desde el nacimiento hasta la muerte,

우리에게 주어진 시간!
¡el tiempo que se nos ha dado!

좋은 인생을 사느냐,
¿Llevaremos una buena vida

쓸모없는 인생을 사느냐!
o viviremos una sin valor?

우리가 대답해야 할 문제.
Es una pregunta que debemos responder.

ARCHIVOS DE AUDIO MP3 DESCARGABLES! newampersand.com/historias

자유를 찾아서
En Busca de la Libertad

옛날에 어느 한 섬에, 어린 소년이 있었어요.
Había una vez, en una isla, un joven muchacho.

어부인 아버지와 함께 물고기를 잡고있었어요.
Solía pescar con su padre pescador.

그런데 그 소년은 물고기가 불쌍하다고 느꼈어요.
Sin embargo, el chico se sentía apenado por los peces.

"아빠, 물고기도 자유롭게 수영하고 싶겠죠?"
"Papá, ¿no querrían los peces nadar libremente también?"

"그렇겠지. 하지만 우리도 먹고 살아야 하지 않겠니?"
"Sí, supongo. Pero nosotros también necesitamos comer y vivir, ¿verdad?"

걱정스러운 얼굴로 아들을 바라보았어요.
Su padre lo miró con una expresión preocupada.

오늘도 그물망 가득 물고기를 잡았어요.
Hoy, capturaron una red llena de peces,

어림짐작으로, 오백 마리는 넘는 것 같았어요.
probablemente más de quinientos.

아버지가 잠시 자리를 비운 사이,
Mientras el padre estaba brevemente ausente,

소년은 물고기를 모두 바다에 돌려보냈어요.
el chico liberó todos los peces de nuevo en el mar.

"얘들아! 자유를 즐기거라!"
"¡Vayan, disfruten de su libertad!"

아버지가 돌아와서 물어보았어요.
Cuando el padre regresó, preguntó,

"물고기들은 어디갔니?"
"¿A dónde fueron los peces?"

"자유를 찾아 떠났어요."
"Se fueron en busca de libertad."

아버지는 무슨 의미인지 정확히 알았지만, 화를 내지 않았어요.
El padre entendió exactamente el significado pero no se enojó.

자신도 어렸을때, 똑같이 했었거든요,
Él había hecho lo mismo cuando era niño.

하늘에 그림을 그려보아요!
¡Dibujando Cuadros en el Cielo!

나는 구름이야. 나는 때로는 하나의 큰 덩어리로,
때로는 아주 작은 조각으로 살지.
Soy una nube. A veces vivo como una masa grande y a veces como fragmentos pequeños.

이 세상에 나만큼 다양한 것이 있을까?
¿Hay algo tan diverso como yo en este mundo?

토끼, 공, 심지어 독수리까지!
¡Conejos, pelotas e incluso águilas!

내가 만들지 못할 모양은 없어.
No hay forma que no pueda crear.

하지만 햇살이 강한 날에는, 나는 보이지 않아.
Pero en días en que la luz del sol es fuerte, desaparezco.

너무 뜨거우면 나는 사라지거든.
Si hace demasiado calor, me desvanezco.

내가 어떻게 움직이는지 알고싶어?
¿Quieres saber cómo me muevo?

가만히 바람에 몸을 맡기면 저리 움직이지
Si simplemente te entregas al viento, me muevo aquí y allá.

어디로 가는지, 어디에서 왔는지는 나도 몰라.
No sé a dónde voy ni de dónde vengo.

하지만 나는 이 생활이 즐거워
Pero disfruto de esta vida.

하늘을 캔버스로 삼아 다양한 그림을 그리며,
Usando el cielo como mi lienzo, dibujo varios cuadros,

사람들에게 즐거움을 주는거야.
trayendo alegría a la gente.

오늘은 무슨 그림을 그려볼까?
¿Qué tipo de imagen dibujaré hoy?

숟가락 대 포크
Cuchara vs. Tenedor

내가 최고야! 아니, 내가 최고야!
"¡Soy el mejor! No, ¡soy el mejor!"

무슨 소리야? 숟가락이 없으면 국을 어떻게 먹어?
"¿De qué estás hablando? ¿Cómo puedes comer sopa sin una cuchara?"

무슨 소리야? 포크가 없으면 고기를 어떻게 집을 수 있어?
"¿De qué estás hablando? ¿Cómo puedes recoger carne sin un tenedor?"

숟가락과 포크가 말다툼을 하고 있다.
La cuchara y el tenedor están teniendo una disputa.

각자의 장점을 뽐내며, 상대방의 단점을 깎아내린다.
Presumen de sus fortalezas y critican las debilidades del otro.

만약 우리 둘 중 하나만 골라야 한다면?
"Si tuviéramos que elegir solo uno de nosotros..."

서로 자기 말이 맞다고 주장한다.
Ambos insisten en que su manera es la correcta.

그래? 그럼 오늘 저녁 식사때 보면 알겠지!
"¿Ah, sí? ¡Veamos en la cena de esta noche!"

분명히 나를 선택할거야!
"Definitivamente seré el elegido."

둘이 한 목소리로 외친다.
Gritan al unísono,

"엄마, 오늘 저녁 메뉴는 뭐에요?"
"Mamá, ¿qué hay para cenar esta noche?"

"햄버거 사왔어! 손 씻고 와서 먹거라."
"¡Compré hamburguesas! Lávense las manos y vengan a comer."

손을 깨끗이 씻고 온 아이가, 햄버거를 손으로 집고 먹기 시작했다.
El niño, que se ha lavado las manos, recoge la hamburguesa con las manos y comienza a comer.

숟가락과 포크는 서랍안에서 아무 말도 하지 않았다.
La cuchara y el tenedor permanecen en silencio en el cajón.

ARCHIVOS DE AUDIO MP3 DESCARGABLES! newampersand.com/historias

인류의 미스테리
El Misterio de la Humanidad

우리는 어디에서 왔을까?
¿De dónde venimos?

애초에는 아무것도 없던 그 곳에,
En el principio, en un lugar donde no había nada,

이 땅에 가장 처음 온 사람들은 누구였을까?
¿Quiénes fueron las primeras personas en poner pie en esta tierra?

무엇을 먹으며 살았을까?
¿Qué comieron para vivir?

그들은 무슨 생각을 했을까?
¿Qué pensamientos cruzaron sus mentes?

만약 지금 만난다면, 우리는 대화할 수 있을까?
Si los encontráramos ahora, ¿podríamos tener una conversación?

알고 싶은게 너무 많고, 알려 주고 싶은 것도 너무 많다.
Hay tanto que queremos saber, tanto que queremos compartir.

그들은 우리에게 무슨 말을 하고 싶을까?
¿Qué querrían decirnos?

많은 것을 가지고 있다고 부러워할까?
¿Nos envidiarían por tener tanto?

아니면 너무 많은 것을 가지고 있다고 걱정할까?
¿O se preocuparían por nosotros por tener demasiado?

우리는 무슨 말을 해야 할까?
¿Qué deberíamos decir?

당신은 너무 가진게 없다고 걱정해야 할까?
¿Deberíamos preocuparnos de que no tenemos suficiente?

아니면 가진게 없는것이 부럽다고 말해야 할까?
¿O deberíamos decir que es envidiable no tener mucho?

ARCHIVOS DE AUDIO MP3 DESCARGABLES! newampersand.com/historias

친애하는 나의 주인님께
A Mi Querido Dueño

멍! 멍!
¡Guau! ¡Guau!

또 하루 행복한 아침이 밝았습니다!
¡Otro amanecer feliz ha llegado!

저는 오늘도, 어제와 같이, 충성스러운 강아지가 되겠습니다!
Hoy, al igual que ayer, ¡seré tu perro leal!

집안 곳곳을 돌아다니며 문제가 없는지 살펴보고,
Vagaré por la casa para asegurarme de que todo esté bien,

수상한 사람이 집에 들어오지 못하도록 감시하겠습니다.
y estaré atento para asegurarme de que no entren personas sospechosas.

깜빡 잠이 들어도, 귀는 열어놓겠습니다.
Incluso si me quedo dormido, mis oídos estarán abiertos.

코는 항상 촉촉하게 유지해서,
냄새를 잘 맡을 수 있게 관리하겠습니다.
Mantendré mi nariz siempre húmeda para poder oler bien,

오븐안에서 요리가 타버릴 경우를 대비해서요!
¡por si acaso algo en el horno se quema!

그리고, 모든 가족 구성원들에게 사랑을 드리겠습니다.
Y, mostraré amor a todos los miembros de la familia.

어린 아이들에게는 재미있는 친구가 되어주고,
Seré un compañero divertido para los niños,

노인분들께는 안내자가 되어주겠습니다!
¡y seré una guía para los ancianos!

하루의 일과를 마치면 녹초가 되지만,
Aunque pueda convertirme en un charco después de un día de trabajo,

머리를 한번 쓰다듬어주면 저는 행복할 겁니다.
una palmada en la cabeza me hará feliz.

그 것만으로도 저는 충분합니다.
Eso solo es más que suficiente para mí.

ARCHIVOS DE AUDIO MP3 DESCARGABLES! newampersand.com/historias

마법의 성
Castillo Mágico

어렸을때 나는, 마법의 성의 존재에 대해서 알고 있었어요.
De niño, conocía la existencia del Castillo Mágico.

엄마, 아빠는 전혀 알지 못하는, 나만 알고 있는 마법의 성!
¡Un castillo mágico que solo yo conocía, desconocido para mamá y papá!

그 성에 가는 것은 결코 쉽지 않았어요.
Nunca fue fácil llegar al castillo.

수 많은 괴물들을 무찔러야 했고,
Tenía que derrotar a muchos monstruos,

어두움 속에서도 앞으로 나아가야 했고,
avanzar en la oscuridad y,

무엇보다, 다시는 되돌아 올 수 없을까봐 두려웠어요.
sobre todo, temía que nunca pudiera regresar.

하지만 어려움을 이겨내고 그 곳에 도착하면,
Pero cuando finalmente llegaba después de superar las dificultades,

세상의 모든 행복을 다 가진 것 같았어요.
sentía que tenía toda la felicidad del mundo.

화려한 장식과 아름다운 조각상들,
¡Decoraciones coloridas, hermosas estatuas, f

달콤한 과일들과 아름다운 노랫소리!
rutas dulces y hermosas canciones!

뿐만 아니에요!
¡No solo eso!

성 안쪽 가장 깊숙한 곳에는 보물창고가 있었는데,
En la parte más interna del castillo había un tesoro

온갖 진귀한 보물들이 있었어요
con todo tipo de tesoros raros.

금보다 더 값지고, 루비보다 더 영롱한!
¡Más valiosos que el oro y más brillantes que los rubíes!

집에 가져가서 엄마에게 드리고 싶었지만,
Quería llevarlos a casa y dárselos a mi mamá,

마법의 성 안에 있는 물건들은 밖으로 가지고 나갈 수 없었어요.
pero los objetos en el Castillo Mágico no se podían llevar afuera.

마법의 성에 가면, 언제나 저를 안내해 주는 사람이 있었어요.
Cuando iba al Castillo Mágico,
siempre había alguien que me mostraba.

몇 살인지 가늠하기 어렵지만, 목소리는 어린 아이 같았어요.
Era difícil decir cuántos años tenía, pero su voz sonaba como la de un niño.

그 사람은 저에게 경고했어요
Él me advirtió

이 곳은 어린이만 올 수 있는 곳이라고요.
que es un lugar al que solo pueden venir los niños,

순수한 마음을 가진 어린이에게만 보이는 곳이라고 말했어요.
visible solo para los niños con un corazón puro.

시간이 흘러, 저도 어른이 되었어요.
Con el tiempo, me convertí en adulto.

하루 종일 일 하고 돌아오면 지쳐서 잠들었죠.
Y cuando regresaba después de trabajar todo el día, me quedaba dormido inmediatamente exhausto.

하루는, 옛날 친구들이 보고싶어 사진첩을 뒤적이다가,
Un día, hojeé el álbum de fotos porque quería ver a mis viejos amigos

마법의 성이 생각났어요.
y el Castillo Mágico cruzó por mi mente.

그래! 나의 추억이 있는 곳!
¡Sí! ¡El lugar donde están mis recuerdos!

마법의 성으로 여행을 떠나보자!
¡Vamos de viaje al Castillo Mágico!

눈을 감고, 마법의 성으로 가는 지도를 머릿속에 그려보았어요.
Cerré los ojos y dibujé un mapa del Castillo Mágico en mi cabeza.

하지만 이게 웬걸?
Pero, ¿qué es esto?

그 지도는 더이상 보이지 않았어요.
Ya no podía ver el mapa.

항상 그 곳에 영원히 있을 것 같았던 마법의 성.
El Castillo Mágico que siempre parecía permanecer allí para siempre.

어른이 되어버린 나에게는,
Para mí, que me he convertido en adulto,

이제는 두번 다시 갈 수 없는 곳이 되어버렸어요.
se ha convertido en un lugar al que ya no puedo volver.

ARCHIVOS DE AUDIO MP3 DESCARGABLES! newampersand.com/stories

초능력을 골라보세요
Elige Tu Superpoder

만약 초능력을 하나 고를 수 있다면,
Si pudieras elegir un superpoder,

당신은 어떤 것을 고를건가요?
¿Cuál elegirías?

제가 몇가지 제안을 해볼게요.
Permíteme hacer algunas sugerencias.

세상의 모든 사물들과 소통할 수 있는 능력은 어때요?
¿Qué tal la capacidad de comunicarte con todo en el mundo?

함께 뛰어노는 강아지와 재밌는 이야기를 나누고,
Tener una conversación divertida con tu perro que corre por ahí,

안전하게 집을 지켜주는 현관문에게도 고맙다고 말할 수 있어요.
Y también puedes agradecerle a la puerta principal por mantener la casa segura.

어때요? 정말 멋지죠?
¿Qué piensas? ¿No es asombroso?

이건 어때요?
¿Qué tal este?

멀리 있는 사람에게 텔레파시를 통해 대화하는 능력이요!
¡La capacidad de comunicarte con personas lejanas a través de la telepatía!

미국에 있는 친구나, 아프리카에 있는 친구에게!
¡Con tus amigos en América o amigos en África!

편지를 쓰지 않아도 돼요!
¡No tienes que escribir una carta!

아하! 요즘에는 대신 이메일을 사용하면 되는구나!
¡Ajá! ¡Puedes usar el correo electrónico en estos días!

그러면... 제가 더 생각 해볼게요.
Si es así... Deja que piense un poco más.

음... 순간이동은 어때요?
Um... ¿Qué tal la teleportación?

원하는 곳으로 순식간에 이동하는 능력!
¡La capacidad de moverte rápidamente a donde quieras ir!

아, 그런데 안좋은 점도 있겠네요.
Oh, pero debe haber algunos problemas posibles.

예를들어...
Por ejemplo...

내가 화장실에 있을때 갑자기 내 여자친구가 나타난다면?
¿Y si mi novia aparece de repente cuando estoy en el baño?

너무 창피할 것 같아요!
¡Sería muy embarazoso!

이것도 안되겠다…
Tampoco puedo elegir esto.

아픈 사람을 치료해주는 마법의 손?
¿Manos mágicas para curar a personas enfermas?

우와! 이거 정말 유용하겠네요!
¡Wow! ¡Esto va a ser realmente útil!

만약 이 능력을 가졌다면,
Si tuvieras esta habilidad,

가장 먼저 누구를 치료해 주고 싶은가요?
¿a quién te gustaría tratar primero?

ARCHIVOS DE AUDIO MP3 DESCARGABLES! newampersand.com/historias

저는 우리 할머니에게 곧바로 갈거에요!
¡Voy directo a mi abuela!

항상 허리가 아프다고 말씀하셨거든요.
Siempre decía que le dolía la espalda.

손만 닿아도 곧바로 나을 수 있다면 정말 좋겠어요.
Sería muy agradable si pudiera curarse de inmediato con solo tocarla.

그럼 의사 선생님들은 무얼 해야하지?
¿Entonces qué deberían hacer los médicos?

병원도 모두 없어지겠네요?
¿Todos los hospitales desaparecerán, verdad?

병원이 없어진 곳에는
Donde desapareció el hospital,

어린이들의 놀이터가 생기면 좋겠어요!
¡espero que haya un parque infantil para niños!

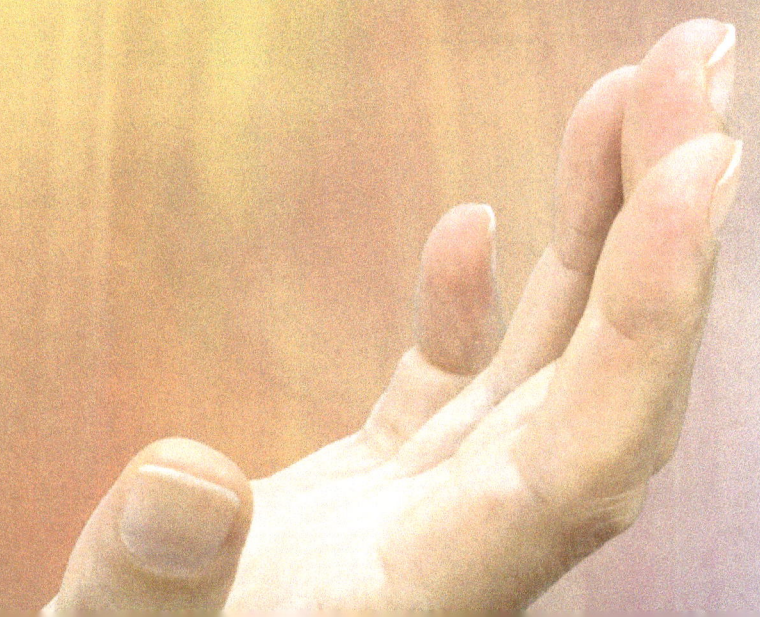

ARCHIVOS DE AUDIO MP3 DESCARGABLES! newampersand.com/historias

하늘을 자유롭게 날아다니는 능력은 어때요?
¿Qué tal la capacidad de volar libremente en el cielo?

차가 막히는 시간에도,
¡Incluso cuando hay tráfico,

약속 시간에 절대 늦지 않을거에요!
nunca llegarás tarde a una cita!

세상의 모든 지식을 다 가질 수 있는 능력은 어떨까요?
¿Y qué tal la capacidad de tener todo el conocimiento del mundo?

인류의 역사에서부터, 우리의 미래까지!
¡Desde la historia humana hasta nuestro futuro!

알고 싶은 것은 다 알 수 있어요.
Conocerías todo lo que quisieras saber.

아... 하지만 머리가 너무 아플 수 있겠다!
Oh, ¡pero tu cabeza podría doler mucho!

왜냐면, "모르는게 약이다" 라는 말이 있으니까요.
Porque hay un dicho, "La ignorancia es felicidad".

ARCHIVOS DE AUDIO MP3 DESCARGABLES! newampersand.com/historías

그래도, 상상만 해도 즐겁네요!
Aun así, ¡solo imaginármelo me hace feliz!

어쩌면, 이렇게 상상할 수 있는 것도 초능력 아닐까요?
Quizás, solo poder imaginar también sea un superpoder, ¿verdad?

www.ingramcontent.com/pod-product-compliance
Lightning Source LLC
LaVergne TN
LVHW081458060526
838201LV00057BA/3066